Impressum
Verlag: BABADADA GmbH, Nedderfeld 112 , 22529 Hamburg
Geschäftsführer / Verlagsleitung: Harald Hof
Druck: Books on Demand GmbH, In de Tarpen 42, 22848 Norderstedt

Imprint
Publisher: BABADADA GmbH, Nedderfeld 112 , 22529 Hamburg, Germany
Managing Director / Publishing direction: Harald Hof
Print: Books on Demand GmbH, In de Tarpen 42, 22848 Norderstedt

dugsi

el colegio

fasal
el aula

qeybi
dividir

186/2

sabuurad
el pizarrón

barxad dugsi
el patio de la escuela

macallin
el maestro

warqad
el papel

qorraxeed
escribir

qalin
la birome

miis
el escritorio

mastarad
la regla

buug
el libro

arday
el alumno

boorso

la mochila

kiis qalin-qori

la caja de lápices

qalin-qori

el lápiz

koobka qalin qor

el sacapuntas

titirre

la goma (de borrar)

buugga sawirka

el bloc de dibujo

sawirid

el dibujo

burushka midabaynta

el pincel

gasaca midabaynta

la caja de pinturas

maqasyo

la tijera

koollo

el pegamento

buug qoraal

el cuaderno de ejercicios

shaqo-guri

la tarea

lambar

el número

ku dar

sumar

ka jar

restar

ku dhufo

multiplicar

xisaabi

calcular

warqad

la letra

alifbeeto

el abecedario

erey

la palabra

qoraal

el texto

akhri

leer

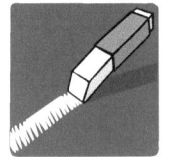

jeesto

la tiza

 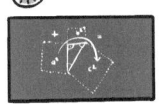

cahsar

la lección

diiwaan

el cuaderno de clase

imtixaan

el examen

shahaado

el certificado

direes dugsi

el uniforme escolar

waxbarasho

la educación

diwaan mowduuceed

la enciclopedia

jaamacad

la universidad

mayskariskoob

el microscopio

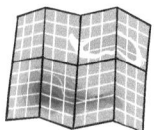

khariidad

el mapa

haan qashin-gur

el tacho (de basura)

safar
el viaje

hoteel
el hotel
Grand
hoteel jiif-cunto
el hostel
xafiiska sarrifaka lacagaha
la casa de cambio
shandad-dhar
la valija
baabuur
el auto

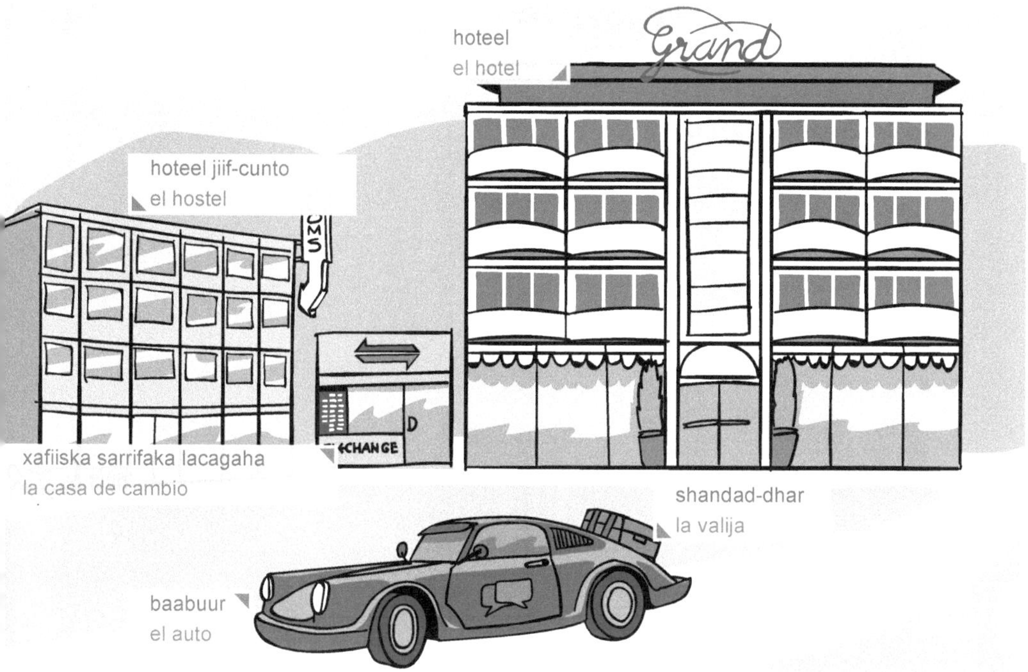

luuqad
el idioma

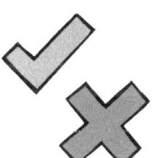

haa / maya
sí / no

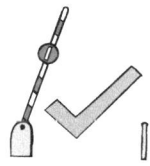

Hagaag
Está bien

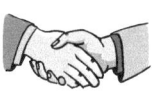

nabad miyaa
hola

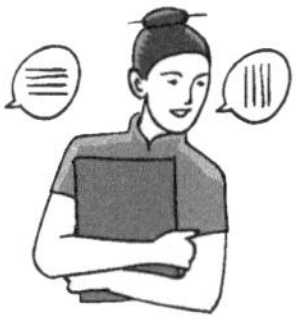

turjumaan
el traductor

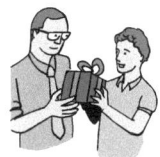

Waad mahadsan tahay
Gracias

waa immisa…?

¿cuánto cuesta…?

ma aanan fahamin

No entiendo

dhibaato

el problema

galab wanaagsan!

¡Buenas tardes!

subax wanaagsan!

¡Buenos días!

habeen wanaagsan!

¡Buenas noches!

nabad gelyo

el adiós

jiho

la dirección

alaabo

el equipaje

boorso

el bolso

boorso-dhabar

la mochila

marti

el invitado

qol

la habitación

katiifad

la bolsa de dormir

teendho

la carpa

xog dalxiis

la información turística

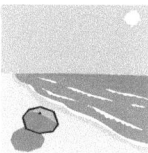

xeebta

la playa

kaar amaah

la tarjeta de crédito

quraac

el desayuno

qado

el almuerzo

casho

la cena

rasiid

el pasaje

wiish

el ascensor

tiimbare

el sello

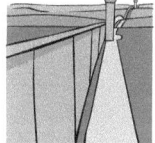

xuduud

la frontera

qeybta-canshuur-bixinta

la aduana

safaarad

la embajada

dal ku gal

la visa

baasaboor

el pasaporte

gaadiid

el transporte

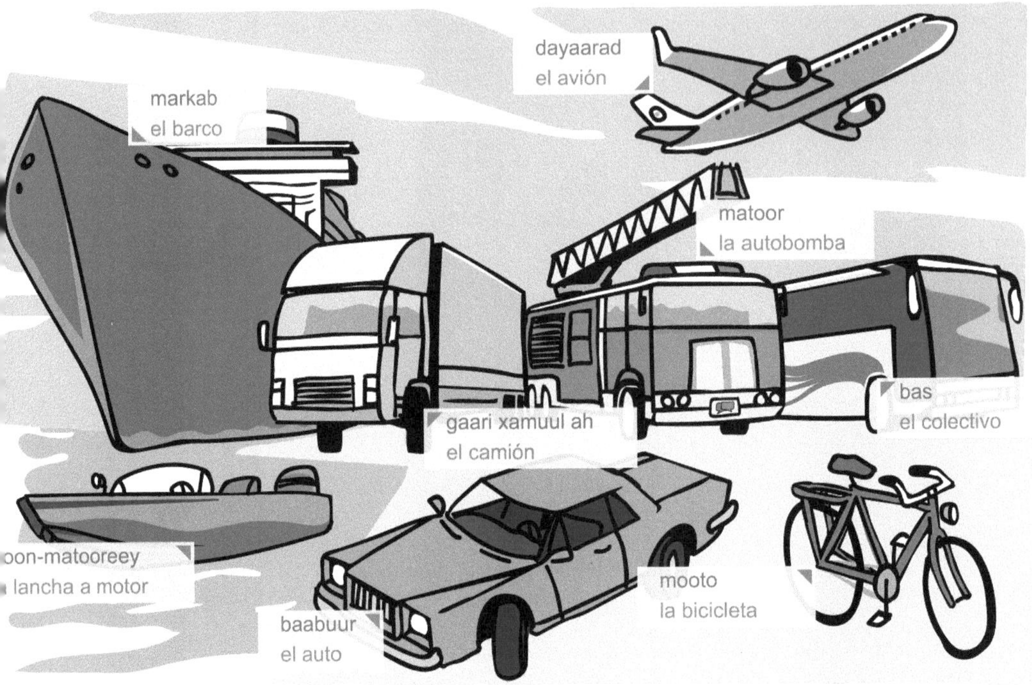
dayaarad
el avión
markab
el barco
matoor
la autobomba
bas
el colectivo
gaari xamuul ah
el camión
oon-matooreey
lancha a motor
mooto
la bicicleta
baabuur
el auto

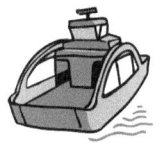

doon

el ferry

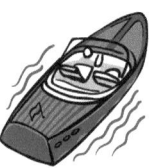

doonnida

el bote

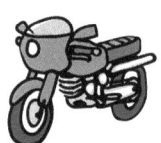

mooto

la moto

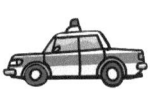

baabuur booliis

el patrullero

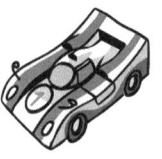

baabuur baratan

el auto de carreras

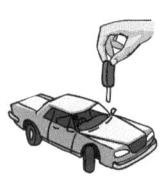

baabuur la-kiraysto

el auto de alquiler

gaadiid-wadaag

el alquiler de autos

wiishle

la grúa

gaari qashin-gure

el camión de la basura

matoor

el motor

shidaal

la nafta

ajib

la estación de servicio

calaamad taraafiko

la señal de tránsito

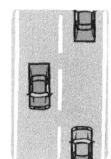

taraafiko

el tránsito

jaam baabuur

el embotellamiento

baarkin-baabuur

el estacionamiento

boosteejo tareen

la estación de tren

waddo-tareen

las vías

tareen

el tren

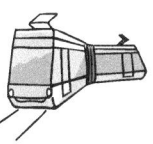

taraam

el tranvía

gaari faras

el vagón

helikobtar

el helicóptero

garoonka dayuuradaha

el aeropuerto

manaarad

la torre

rakaab

el pasajero

weel

el contenedor

kartoon

la caja de cartón

gaari faras

la carretilla

dambiil

la canasta

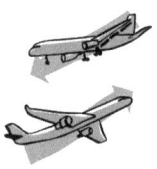

kicid / degis

despegar / aterrizar

magaalo

la ciudad

tuulo

el pueblo

faras magaale

el centro de la ciudad

guri

la casa

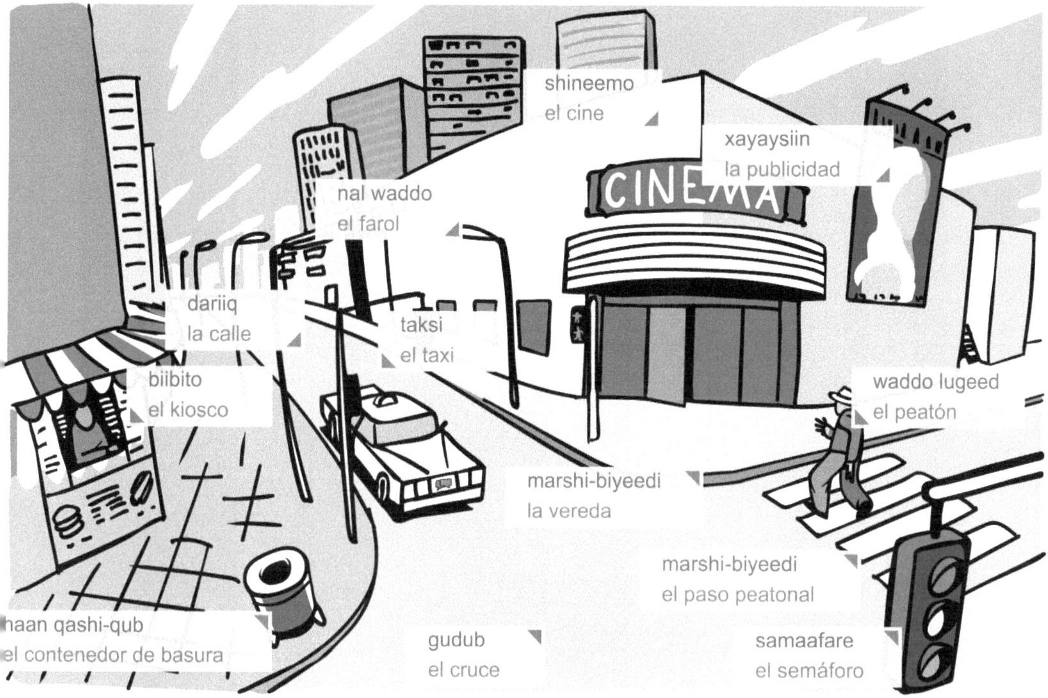

shineemo
el cine
xayaysiin
la publicidad
CINEMA
nal waddo
el farol
dariiq
la calle
taksi
el taxi
biibito
el kiosco
waddo lugeed
el peatón
marshi-biyeedi
la vereda
marshi-biyeedi
el paso peatonal
haan qashi-qub
el contenedor de basura
gudub
el cruce
samaafare
el semáforo

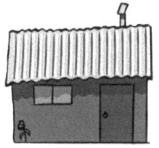

mundul

la cabaña

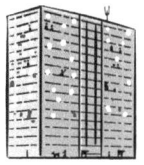

dabaq

el departamento

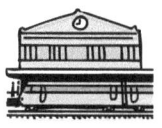

boosteejo tareen

la estación de tren

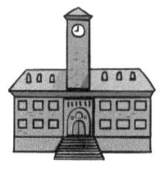

xarunta dowladda-hoose

la municipalidad

MUSEUM
matxaf

el museo

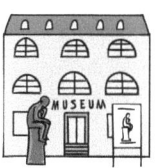

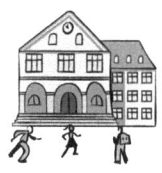

dugsi

el colegio

jaamacad

la universidad

bangi

el banco

isbitaal

el hospital

hoteel

el hotel

farmasi

la farmacia

xafiis

la oficina

buug shoob

la librería

dukaan

el negocio

dukaan ubax

la florería

carwo

el supermercado

suuq

el mercado

suuq weyne

las grandes tiendas

kalluun-iibshe

la pescadería

suuq

el centro comercial

furdo

el puerto

jardiino

el parque

kursi

el banco

buundo

el puente

jaraanjaro

las escaleras

waddo-tareen-hoosaad

el subte

waddo-dhul hoose

el túnel

boosteejo

la parada del colectivo

baar

el bar

makhaayad

el restaurante

sanduuq boosto

el buzón

calaamad waddo

el letrero

joogid-cabbire

el parquímetro

beer-xayawaan

el zoológico

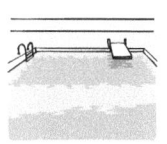

barkad dabbaalasho

la pileta

masaajid

la mezquita

beer

la granja

naqas

la contaminación

qabuuro

el cementerio

kaniisad

la iglesia

garoon

los juegos infantiles

macbad

el templo

muqaal-dhireed

el paisaje

caleen
la hoja

calaamad-waddo
el poste indicador

waddo
el camino

seere
la pradera

dhagax
la piedra

geed
el árbol

buur korre
el excursionista

webi
el río

caws
la hierba

ubax
la flor

dooxo

el valle

buur

la montaña

laag

el lago

kayn

el bosque

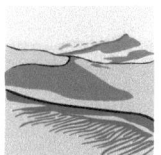

saxare

el desierto

foolkaano

el volcán

qasri

el castillo

qaanso-roobaad

el arco iris

barkin-waraabe

el champiñón

geed timireed

la palmera

kaneeco

el mosquito

duqsi

la mosca

qoraanjo

la hormiga

shinni

la abeja

caaro

la araña

dameer-duudeey

el escarabajo

rah

la rana

dabagaalle

la ardilla

kashiito

el erizo

dabagaalle

la liebre

guumeys

la lechuza

shimbir

el pájaro

boolo-boolo

el cisne

doofaar-jilibeey

el jabalí

deero

el ciervo

faras-duur

el alce

biyo-xireen

la presa

tamar-dhaliye

el aerogenerador

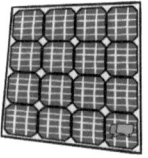

soollar

el panel solar

cimilo

el clima

makhaayad
el restaurante

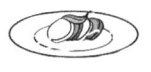

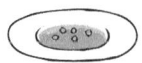

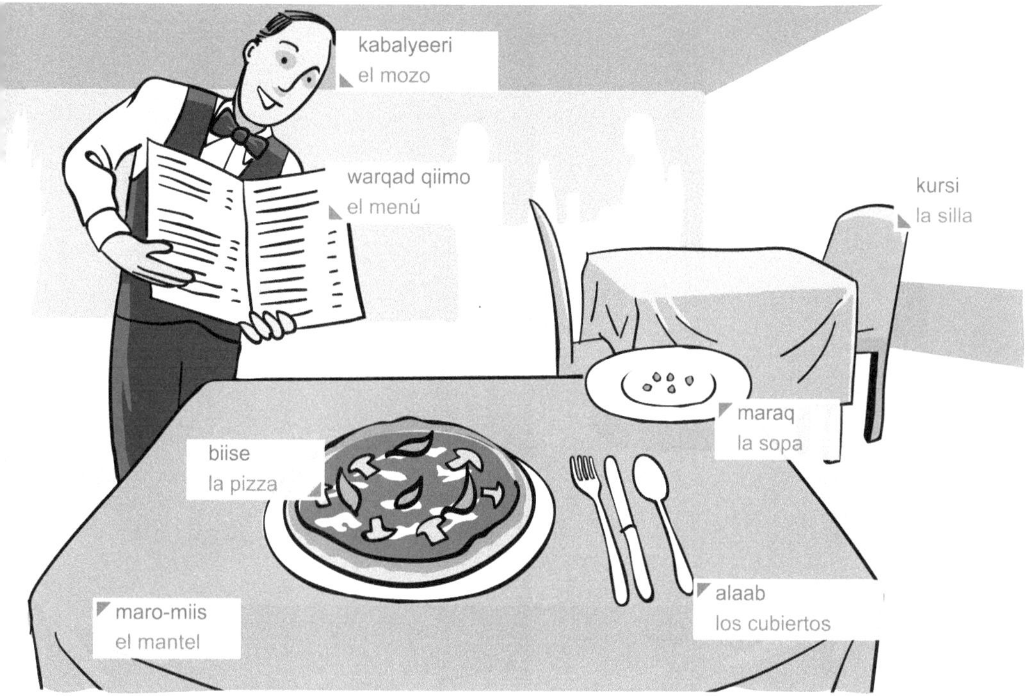
kabalyeeri
el mozo
warqad qiimo
el menú
kursi
la silla
maraq
la sopa
biise
la pizza
alaab
los cubiertos
maro-miis
el mantel

af-billow

la entrada

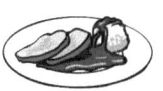

cunto bariimo

el plato principal

macmacaan

el postre

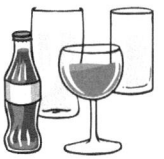

cabitaan

las bebidas

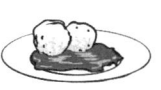

cunto

la comida

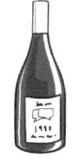

dhalo

la botella

cunto diyaarsan

la comida rápida

cunto-waddo

la comida callejera

jalmad shaah

la tetera

weelka sonkorta

la azucarera

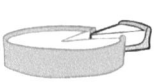

qayb

la porción

mashiinka isbareesada

la cafetera expreso

kursi dheer

la sillita alta

biil

la cuenta

tereey

la bandeja

mindi

el cuchillo

fargeeto

el tenedor

qaaddo

la cuchara

malqacad-shaah

la cucharita

shukumaan miis

la servilleta

galaas

el vaso

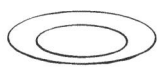

saxan

el plato

saxanka maraqa

el plato hondo

saxan

el plato

suugo

la salsa

weelka cusbada

el salero

basbaas shiide

el molinillo de pimienta

fixiye

el vinagre

saliid

el aceite

dhandhanaan

las especias

suugo

el kétchup

mastaard

la mostaza

mayoonees

la mayonesa

carwo

el supermercado

qiima dhimis qaas ah
la oferta especial
FOR
macmiil
el cliente
caano
los lácteos
miro
la fruta
gaariga adeega
el changuito

BUTCHERS

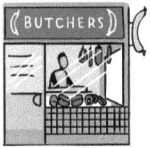

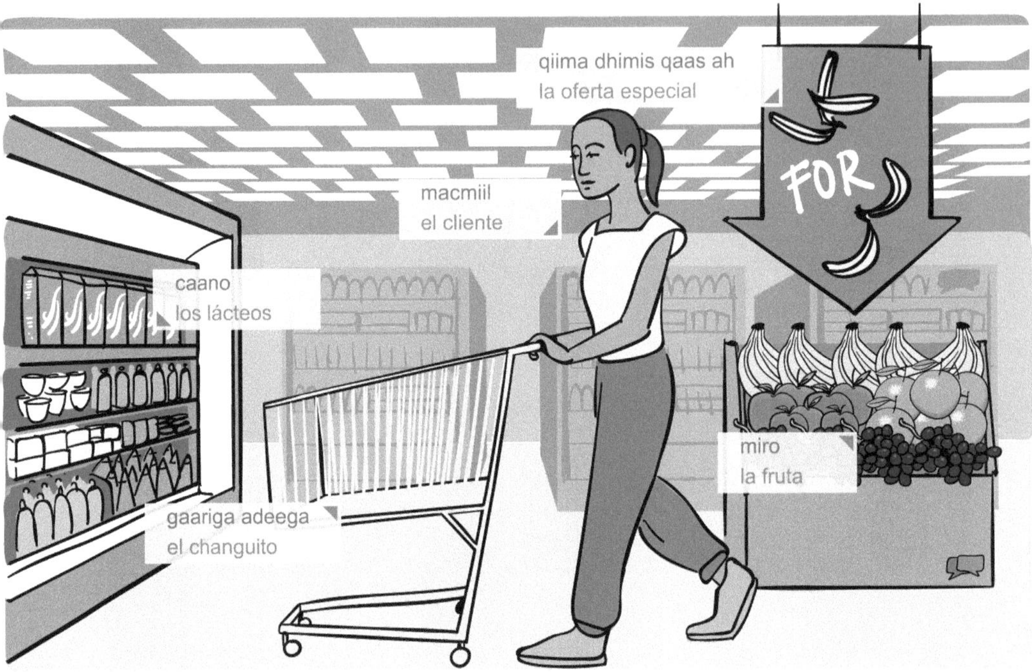

kawaan
la carnicería

BAKERY

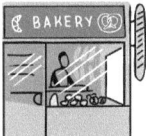

foorno
la panadería

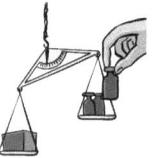

cabbir
pesar

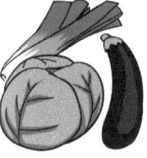

khudaar
las verduras

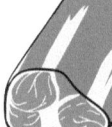

hilib
la carne

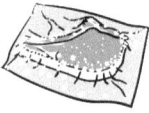

cunto la qaboojiyay
los alimentos congelados

hilibka qadada

los fiambres

cunto gasacadeysan

los alimentos enlatados

oomo

el detergente en polvo

macmacaan

las golosinas

alaabada guri

los electrodomésticos

alaabo nadaafad

los productos de limpieza

iibshe

la vendedora

diiwaan lacagta

la caja

qasnaji

el cajero

liis adeeg

la lista de compras

saacadaha shaqo

el horario de atención

shandada jeebka

la billetera

kaar amaah

la tarjeta de crédito

bac

la cartera

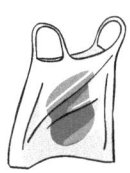

bac

la bolsa de plástico

las bebidas

biyo

el agua

casiir

el jugo

caano

la leche

kooka-kola

la bebida cola

khamri

el vino

biir

la cerveza

khamri

el alcohol

kooke

el cacao

shaah

el té

kafee

el café

isberesso

el café expreso

koobishiin

el cappuccino

muus

la banana

tufaax

la manzana

liin-bambeelmo

la naranja

qare

el melón

liin

el limón

karooto

la zanahoria

toon

el ajo

baambuu

el bambú

basal

la cebolla

barkin-waraabe

el champiñón

loos

las nueces

baasto

los fideos

baasto

los tallarines

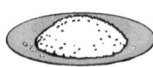

bariis

el arroz

salar

la ensalada

jibsi

las papas fritas

baradho shiilan

las papas fritas

biise

la pizza

haambeegar

la hamburguesa

saanwij

el sándwich

hilib-jiir

el churrasco

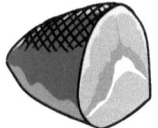

hilib-doofaar

el jamón

salami

el salame

sooseej

la salchicha

hilib-digaag

el pollo

duban

el asado

kalluun

el pescado

sareenta mashaarida

los copos de avena

quraac isku-dhafan

el muesli

daango

los copos de maiz

bur

la harina

nooc rooti ah

la medialuna

rooti

el pancito

rooti

el pan

rooti-la-kulluleeyey

la tostada

buskud

las galletitas

subag

la manteca

hanti

la cuajada

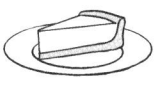

doolsho

la torta

ukun

el huevo

ukun shiilan

el huevo frito

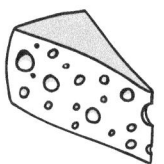

burcad

el queso

jalaato

el helado

sonkor

el azúcar

malab

la miel

malmalaado

la mermelada

labeen macmacaan

la pasta de chocolate

suugo

el curry

beer
la granja

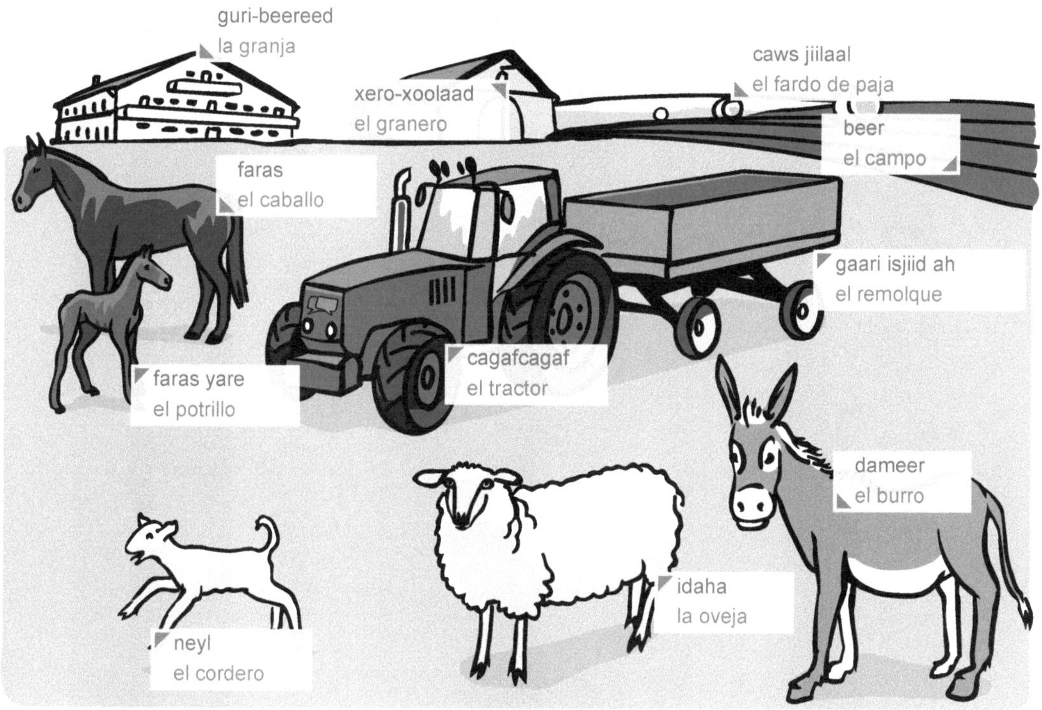
guri-beereed
la granja
xero-xoolaad
el granero
caws jiilaal
el fardo de paja
beer
el campo
faras
el caballo
gaari isjiid ah
el remolque
cagafcagaf
el tractor
faras yare
el potrillo
dameer
el burro
idaha
la oveja
neyl
el cordero

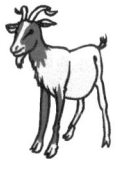

ri'

la cabra

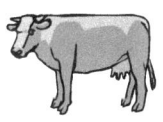

sac

la vaca

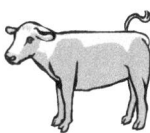

weyl

el ternero

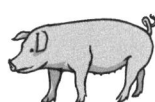

doofaar

el cerdo

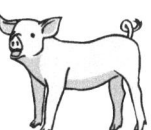

dhal doofaar

el lechón

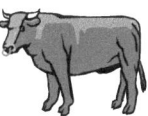

dibi

el toro

bawaato lab

el ganso

bawaato

el pato

jiijiile

el pollo

digaag

la gallina

diiq

el gallo

doolli

la rata

bisad

el gato

jiir

el ratón

dibi

el buey

eey

el perro

hoyga eeyga

la cucha

tuubbo waraab

la manguera

sakeelka waraabinta

la regadera

gudin

la guadaña

carro-roge

el arado

gudin

la hoz

yaambo

la azada

fargeeto caws-beereed

la horquilla

faas

el hacha

gaari -gacan

la carretilla

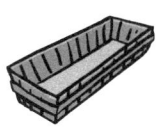

dar

el abrevadero

dhalada caanaha

la lechera

jawaan

la bolsa

deer

la reja

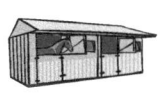

xero xooleed

el establo

gur-biqlin-dhireed

el invernadero

ciidda

el suelo

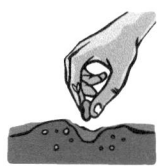

abuuka

la semilla

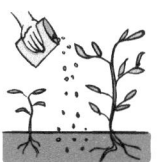

bacrimiye

el fertilizador

cagafta beer-goynta

la cosechadora

beer-goyn

cosechar

beer-gooyn

la cosecha

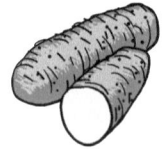

moxog

las batatas

sarreen

el trigo

soya

la soja

baradho

la papa

galley

el maíz

geed-saliideed

la semilla de colza

geed mirood

el árbol frutal

moxog

la mandioca

firiley

los cereales

guri
la casa

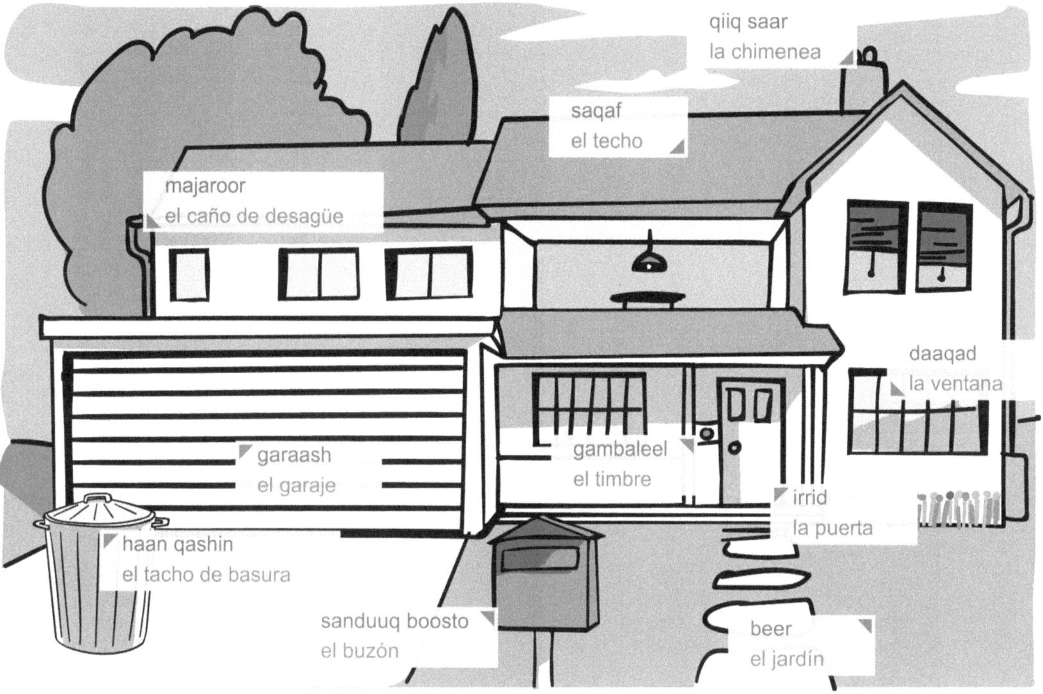
qiiq saar
la chimenea
saqaf
el techo
majaroor
el caño de desagüe
daaqad
la ventana
garaash
el garaje
gambaleel
el timbre
irrid
la puerta
haan qashin
el tacho de basura
sanduuq boosto
el buzón
beer
el jardín

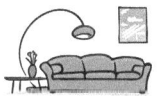

qol jiib

el living

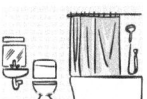

musqul-qubeys

el baño

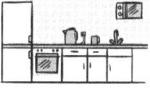

jiko

la cocina

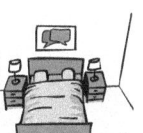

qolka jiifka

el dormitorio

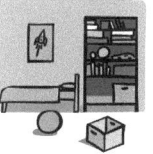

qolka ilmaha

el cuarto de los chicos

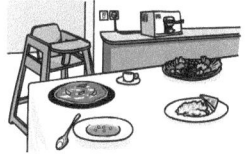

qolka cuntada

el comedor

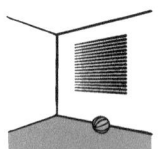

sagxad

el piso

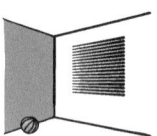

derbi

la pared

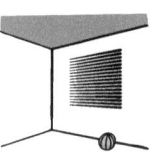

saqaf

el cielorraso

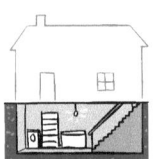

makhaasiin

el sótano

soona

el sauna

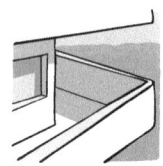

balakoon

el balcón

daarad

la terraza

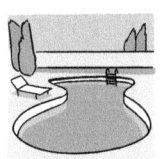

barkad

la pileta

caws-jare

la cortadora de pasto

buste

la sábana

go'

el acolchado

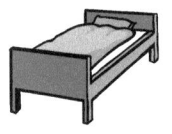

sariir

la cama

xaaqin

la escoba

baaldi

el balde

daare-damiye

el interruptor

qol jiib
el living

sharaaxd-derbi
el empapelado
sawir
la imagen
feynuus
la lámpara
qaanad
el estante
armaajo
el armario
telefiishan
la televisión
dab-shid
la chimenea
ubax
la flor
barkin
el almohadón
fadhi-carbeed
el sofá
dheri-ubax
el florero
rimuud
el control remoto

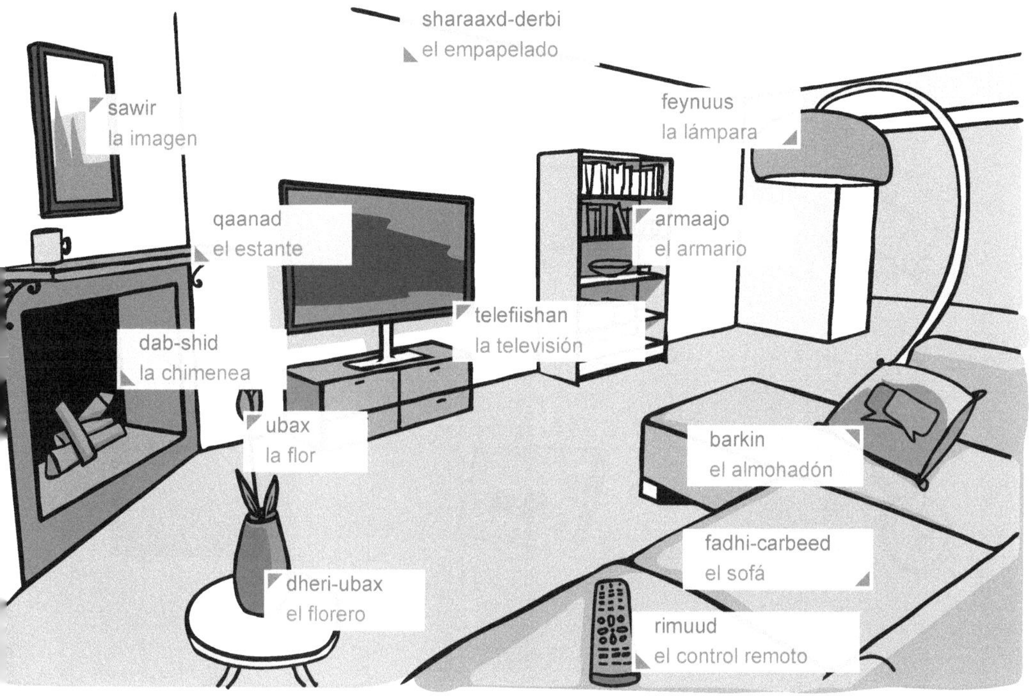

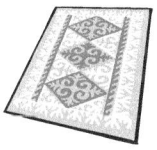

roog
la alfombra

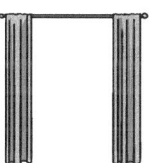

daah
la cortina

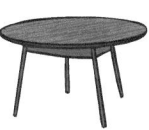

miis
la mesa

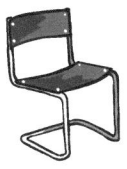

kursi
la silla

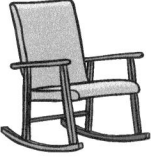

kursi wareega
la mecedora

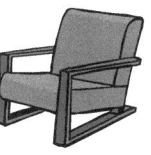

kursi fadhi
el sillón

buug

el libro

buste

la frazada

qurxin

la decoración

xaabo

la leña

filin

la película

cod-baahiye

el equipo de música

fure

la llave

wargeys

el diario

rinjiyeyn

la pintura

tabeelo

el póster

raadiye

la radio

xusuus-qor

el cuaderno

huufar

la aspiradora

tiitiin

el cactus

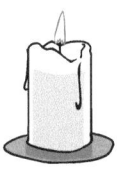

shumac

la vela

jiko
la cocina

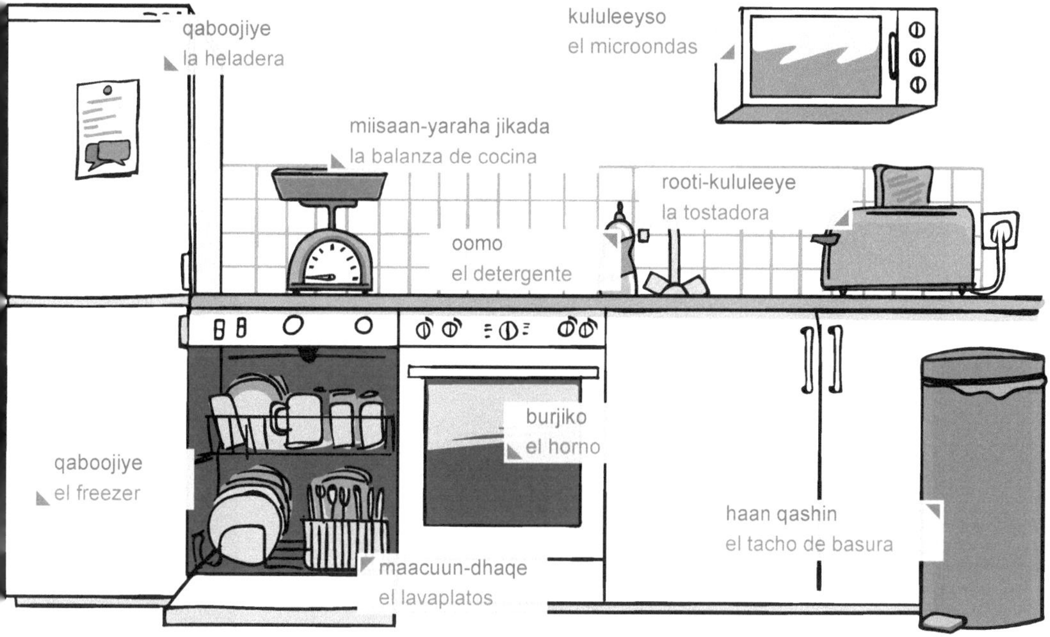
qaboojiye
la heladera
kululeeyso
el microondas
miisaan-yaraha jikada
la balanza de cocina
rooti-kululeeye
la tostadora
oomo
el detergente
burjiko
el horno
qaboojiye
el freezer
haan qashin
el tacho de basura
maacuun-dhaqe
el lavaplatos

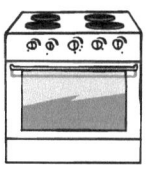

kuuker

la cocina

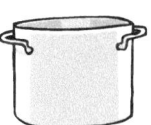

dheri

la olla

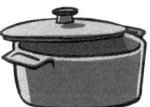

birtaawo

la olla de hierro fundido

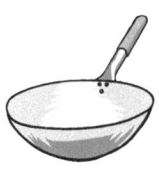

birtaawo

el wok

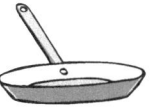

birtaawo

la sartén

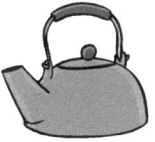

kirli

la pava

uumiye

la vaporera

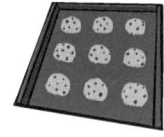

saxaarad dubista

la bandeja de horno

maacuun

la vajilla

bakeeri

la taza

baaquli

el bol

qoryo wax lagu cuno

los palitos

malqacad

el cucharón

qaado

la espátula

folow

la batidora

miire

el colador

shashaq

el colador

qudaar-jare

el rallador

mooye

el mortero

hilib-sol

la parrilla

dab

la fogata

alwaaxa wax-jar-jarka

la tabla de picar

ul jabaati

el palo de amasar

guf-saare

el sacacorchos

gasac

la lata

gasac-fure

el abrelatas

istaraasho-jiko

la manopla

saxanka-alaab-dhaqa

la pileta

caday

el cepillo

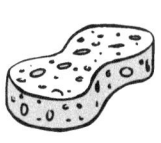

isbuunyo

la esponja

shiide

la batidora

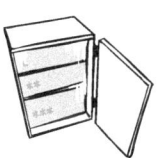

qaabojin qoto-dheer

el congelador

masaasad

la mamadera

tuubbo

la canilla

musqul-qubeys
el baño

kululeeye
la calefacción
shukumaan
la toalla
qubeys
la ducha
daaha qubeyska
la cortina de la ducha
xumbo qubeys
el baño de espuma
tuubbo qubeys
la bañadera
galaas
el vaso
qasaalad
el lavarropas
tuubbo
la canilla
mar-mar
las baldosas
tuunji
la pelela
saxanka-alaab-dhaqa
la pileta

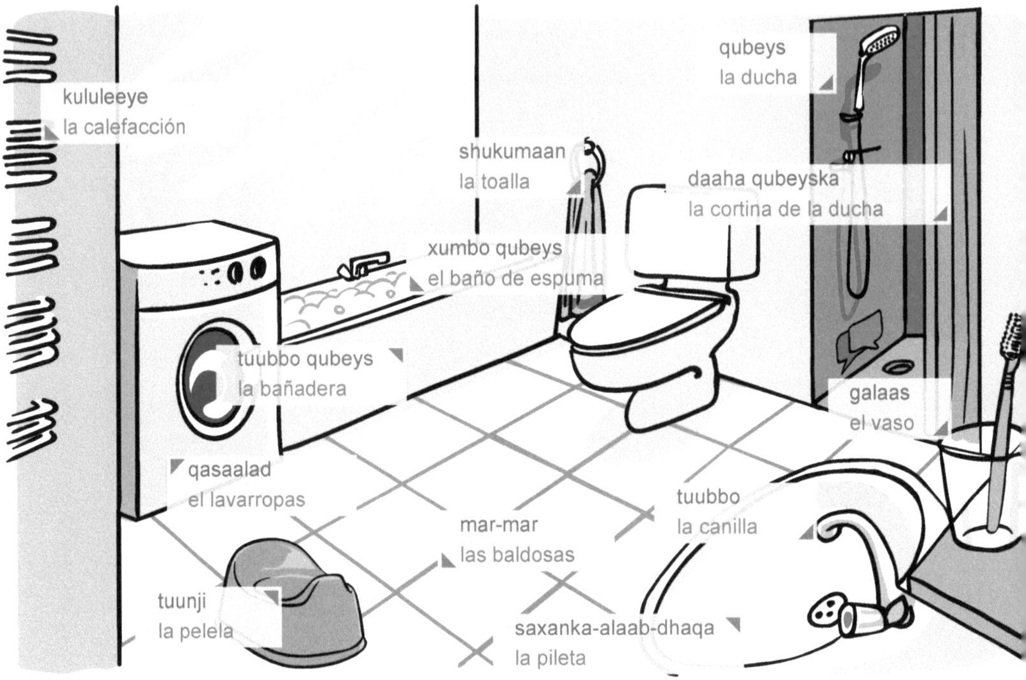

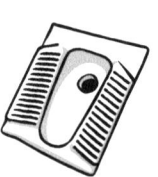

musqul

el inodoro

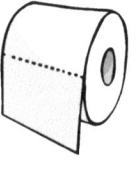

musqusha fadhiga

la letrina

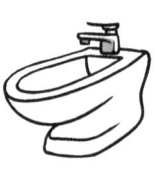

siin

el bidé

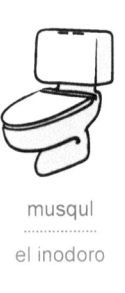

weel kaadi

el mingitorio

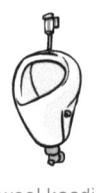

tiish musqul

el papel higiénico

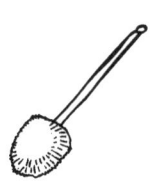

burushka musqusha

el cepillo para el inodoro

caday

el cepillo de dientes

daawo caday

el dentífrico

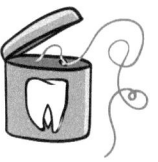

dunta ilka farashada

el hilo dental

dhaq

lavar

gacan qubeys

la ducha de mano

tuubo-musqul

la ducha higiénica

beeshin

la palangana

burush-qubeys

el cepillo para la espalda

saabuun

el jabón

shaambo

el gel de ducha

shaambo

el shampoo

cago-saar

la toallita

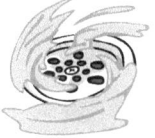

biyo-saare

el desagüe

kareem

la crema

carfiso

el desodorante

muraayad

el espejo

muraayad gacmeed

el espejito

sakiin

la maquinita de afeitar

xumbada xiirashada

la espuma de afeitar

daawo gar-xiir

el aftershave

shanlo

el peine

burush

el cepillo

fooneeye

el secador de pelo

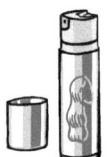

timo-buufis

el spray

waji-qurxiye

el maquillaje

rooseeto

el lápiz de labios

cidiyo-nadiifiye

el esmalte para uñas

dun

el algodón

cidiyo-jar

la tijera para uñas

baarafuun

el perfume

boorso-wajidhaq

el portacosméticos

saxaro

la banqueta

miisaan culays

la balanza

dhar-qubeys

la bata

gacma gashi cinjir

los guantes de goma

tambooni

el tampón

tiimshe

la toallita femenina

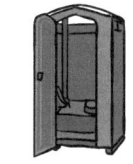

musqul kiimiko

el baño quimico

qolka ilmaha

el cuarto de los chicos

saacadda dhawaaqda
el despertador
boombale caruur
el peluche
baabuur caruureed
el coche de juguete
sanqadh
el sonajero
guriga caruusada
la casa de muñecas
hadiyad
el regalo

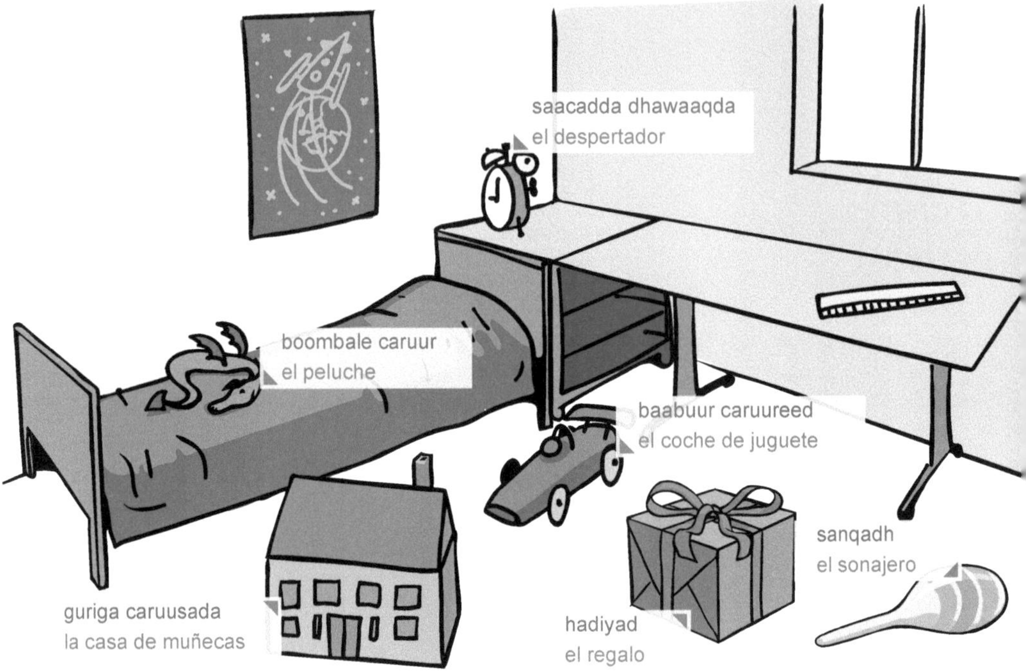

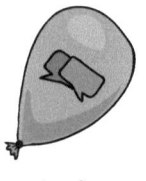

buufin

el globo

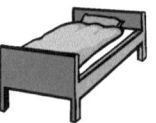

sariir

la cama

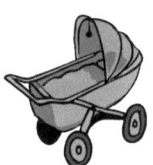

gaariga caruurta

el cochecito

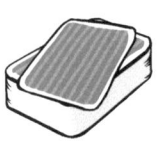

turub

las cartas

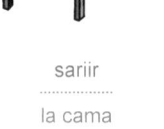

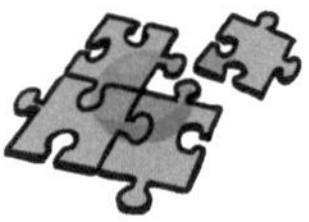

miinshaar

el rompecabezas

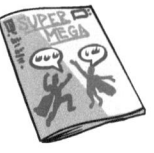

maad

la historieta

bulkeeti boombale ah

las piezas de lego

tooy

los ladrillos de juguete

sanam

la figura de acción

isku-jooga dhallaanka

el enterito (de bebé)

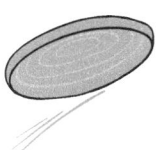

aalad cayaar

el frisbee

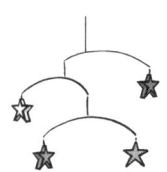

moobaayl

el móvil para bebés

khamaar

el juego de mesa

laadhuu

los dados

moodo tareen

el tren eléctrico

boombale

el chupete

xaflad

la fiesta

buug sawirro

el libro de cuentos ilustrado

kubbad

la pelota

boombale

la muñeca

cayaar

jugar

dhoobo-dhoobeey

el arenero

wiifoow

la hamaca

alaab-alaabeey

los juguetes

geemka gacanta laga hago

la consola de videojuegos

baaskiil

el triciclo

boombale

el osito de peluche

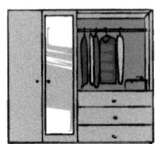

armaajo dhar

el armario

dhar

la ropa

sigisaan

las medias

sigsaan haween

las medias panty

surwaal-dhuuqsan

las calzas

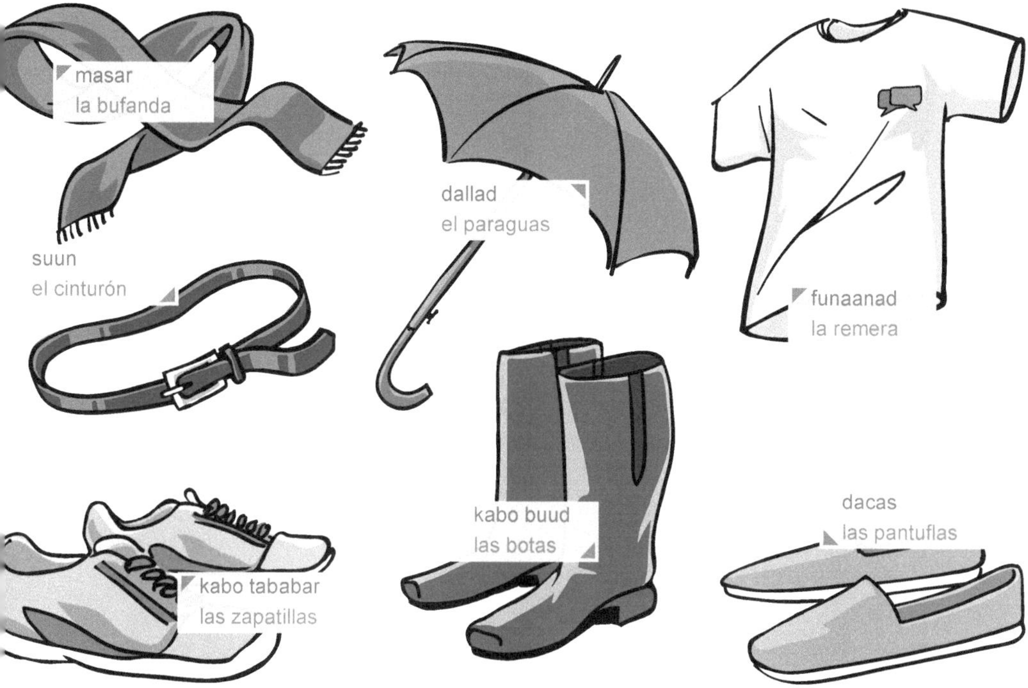

masar
la bufanda

suun
el cinturón

dallad
el paraguas

funaanad
la remera

kabo buud
las botas

dacas
las pantuflas

kabo tababar
las zapatillas

saandalo

las sandalias

kabo

los zapatos

kabo roob

las botas de goma

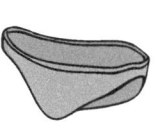

hoos-gashi

la ropa interior

rajabeeto

el corpiño

garan

el chaleco

jir

el body

surwaal

los pantalones

surwaal jeenis

los jeans

goono

la pollera

canbuur

la blusa

shaati

la camisa

funaanad-dhaxameed

el pulóver

garan dhaxameed

el buzo

jaakad fudud

el blazer

jaakad

la campera

koodh

el tapado

koodhka roobka

el piloto

dhar-munaasabadeed

el traje

labbis

el vestido

lebbis aroos

el vestido de novia

suut

el traje

dhar-hurdo

el camisón

bajaamo

el pijama

saari

el sari

masar

el pañuelo para la cabeza

cimaamad

el turbante

cabaayad

la burka

saako

el caftán

cabaayad

la abaya

dharka-dabaasha

el traje de baño

dabo-gaabyo

el short de baño

surwaal-dabagaab

los shorts

taraak-suut

el jogging

dufan-dhowr

el delantal

gacmo gashi

los guantes

galluus

el botón

ookiyaale

los anteojos

jijin

la pulsera

silis

el collar

faraati

el anillo

dhego dhego

el aro

koofiyo

la gorra

katabaan

la percha

koofiyad

el sombrero

garabaati

la corbata

jiinyeer

el cierre

helmed

el casco

ilko-reeb

los tiradores

direes dugsi

el uniforme escolar

direes

el uniforme

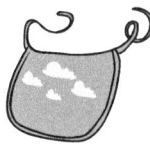

cayo-dhowr

el babero

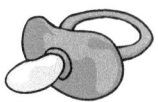

boombale

el chupete

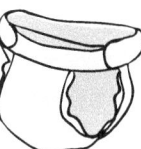

maro-dufeed

el pañal

xafiis

la oficina

khad-bixiye
el servidor
armaajo feylal
el archivero
daabace
la impresora
warqad
el papel
shaashad
el monitor
hage kombuyuutar
el mouse
miis
el escritorio
gal
la carpeta
teeb-kombuyuutar
el teclado
haan qashin-gur
el tacho (de basura)
kombuyuutar
la computadora
kursi
la silla

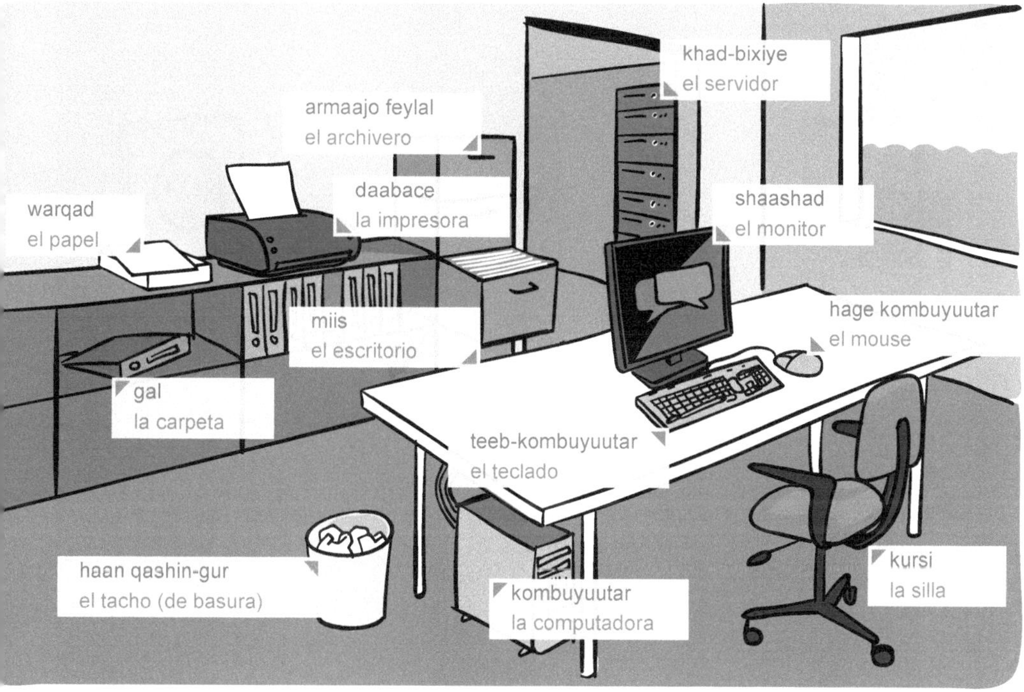

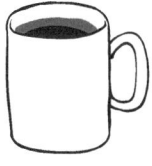

koob kafee

la taza de café

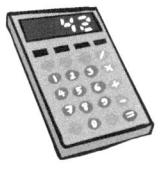

kalkuleytar/xisaabiye

la calculadora

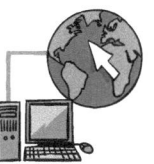

internet

el internet

laabtoob

la laptop

bakhshad

la carta

fariin

el mensaje

moobaayl

el celular

shabakad-kombuyuutar

la red

footokoobi

la fotocopiadora

barnaamij-kombuyuutar

el software

telefoon

el teléfono

god koronto

el tomacorriente

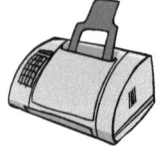

mishiinkan fax-ka

el fax

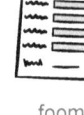

foomka

el formulario

dokumenti

el documento

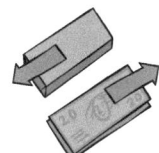

iibso

comprar

bixi

pagar

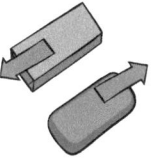

ganacso

hacer negocios

lacag

el dinero

doollar

el dólar

yuuro

el euro

yenka jabbaan

el yen

robolka ruushka

el rublo

Franka iswiiska

el franco suizo

lacagta shiinaha

el yuan

rubiyada hindiga

la rupia

maqal

el cajero automático

xafiiska sarrifaka lacagaha

la casa de cambio

dahab

el oro

qalin

la plata

shidaal

el petróleo

tamar

la energía

qiime

el precio

qandaraas

el contrato

canshuur

el impuesto

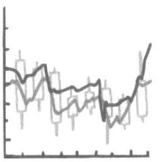

raasumaal

la acción

shaqee

trabajar

shaqaale

el empleado

shaqaaleysiiye

el empleador

warshad

la fábrica

dukaan

el negocio

shaqooyin
las ocupaciones

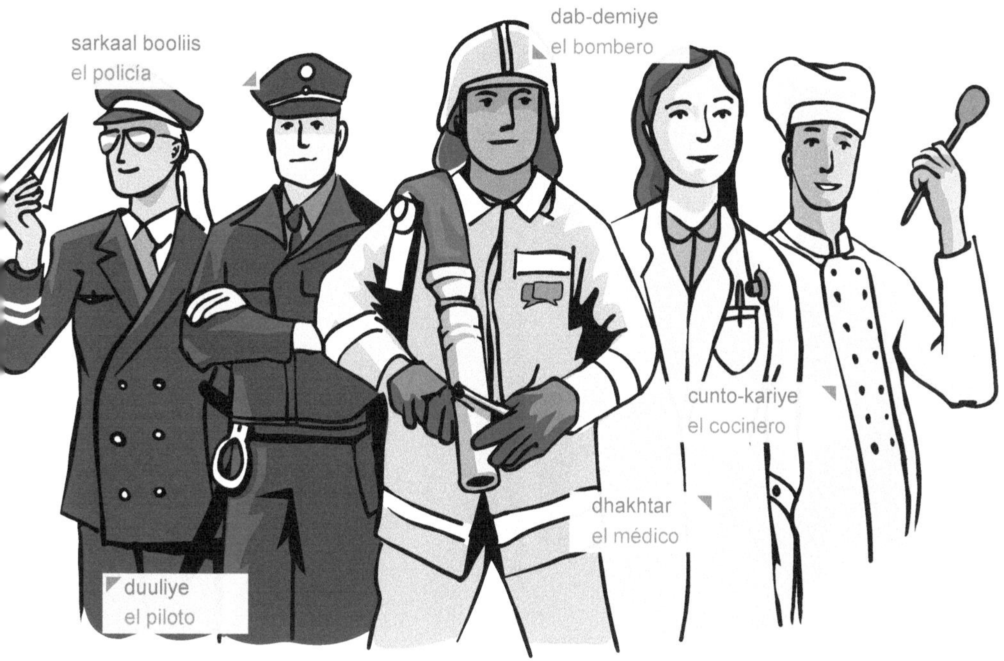
sarkaal booliis
el policía
dab-demiye
el bombero
cunto-kariye
el cocinero
dhakhtar
el médico
duuliye
el piloto

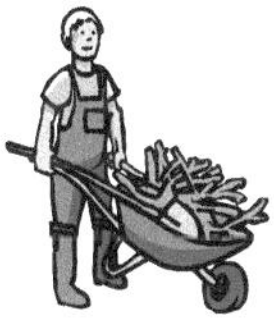

beeralley

el jardinero

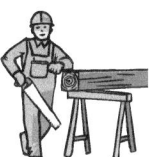

nijaar

el carpintero

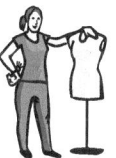

timo-qurxiso

la modista

qaaddi

el juez

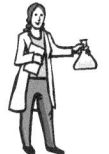

farmashiiste

el farmacéutico

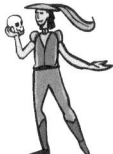

jile

el actor

darawal bas

el colectivero

taksiile

el taxista

kalluumeyste

el pescador

nadiifiso

la mucama

saqaf-dhise

el techista

kabalyeeri

el mozo

ugaarsade

el cazador

rinjiile

el pintor

rooti-dube

el panadero

koronto-yaqaan

el electricista

dhise

el albañil

injineer

el ingeniero

kawaanle

el carnicero

tuubbiiste

el plomero

boostaale

el cartero

askari

el soldado

injineer-dhismo

el arquitecto

qasnaji

el cajero

ubax-yaqaan

el florista

timo-jare

el peluquero

kiro-uruuriye

el cobrador

makaanik

el mecánico

kabtan

el capitán

dhakhtar-ilko

el dentista

saaynisyahan

el científico

wadaad yahuud

el rabino

imaam

el imán

xerow

el monje

wadaad

el sacerdote

las herramientas

dubbe
el martillo

biinsi
la tenaza

kashawiito
el destornillador

kiyaawe
la llave

toosh
la linterna

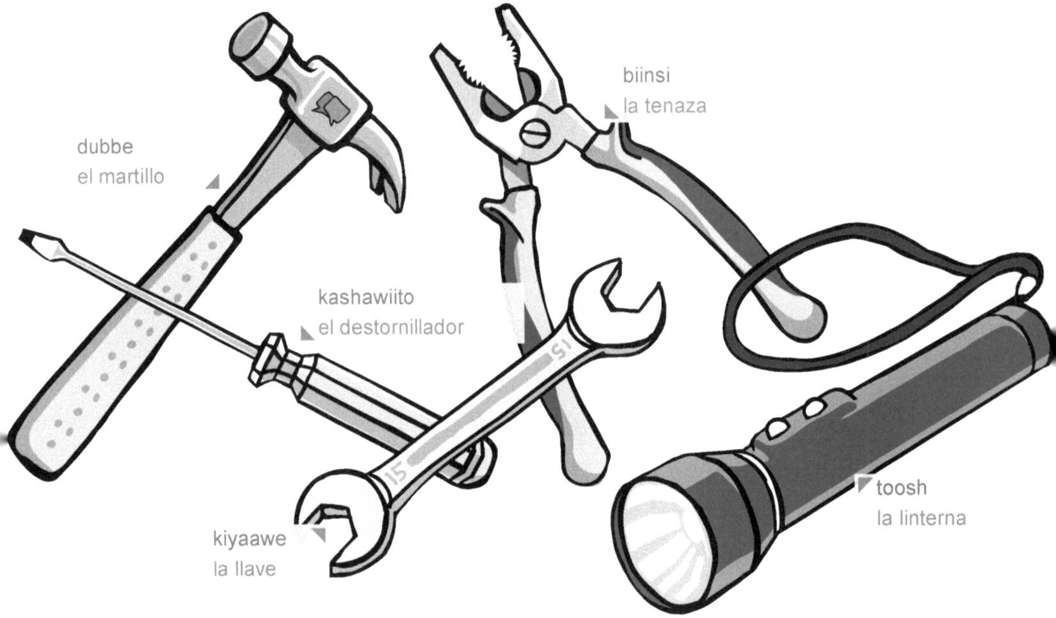

dhul-qoddo

la excavadora

qalab-xajiye

la caja de herramientas

jaraanjaro

la escalera portátil

miinshaar

la sierra

musbaarro

los clavos

dalooliye

el taladro

dayactir

arreglar

badiil

la pala de jardin

inkaar kugu dhacday!

¡Qué bronca!

bus-xaabiye

la pala de plástico

gasacad rinji

el tacho de pintura

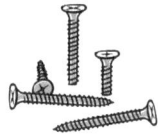

boolal

los tornillos

qalab muusiko

los instrumentos musicales

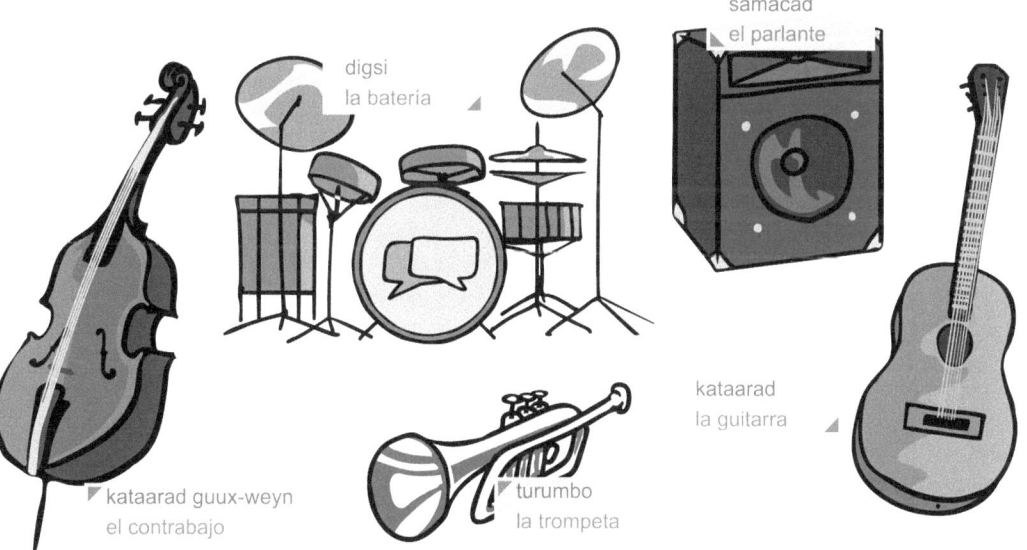

digsi
la batería

samacad
el parlante

kataarad
la guitarra

kataarad guux-weyn
el contrabajo

turumbo
la trompeta

biyaano

el piano

fiyooliin

el violín

karaarad guux-dheer

el bajo

durbaan-sheegagle

los timbales

durbaan

el tambor

loox-xarfeed-biyaano

el teclado

turumbo

el saxofón

siin-baar

la flauta

makarafoon

el micrófono

beer-xayawaan
el zoológico

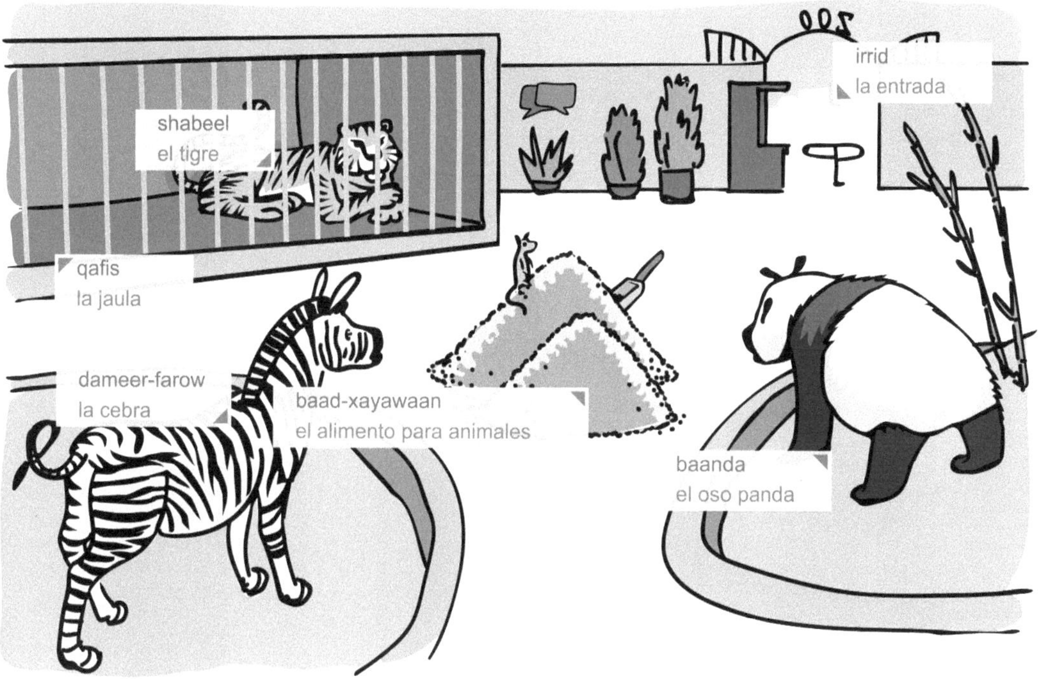

zoo
irrid
la entrada
shabeel
el tigre
qafis
la jaula
dameer-farow
la cebra
baad-xayawaan
el alimento para animales
baanda
el oso panda

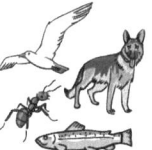

xayawaan

los animales

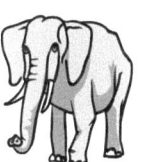

maroodi

el elefante

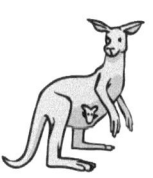

kaangaruu

el canguro

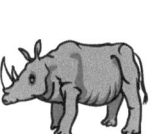

wiyil

el rinoceronte

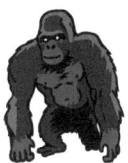

goriille

el gorila

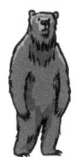

oorso

el oso

geel

el camello

gorayo

el avestruz

libaax

el león

daanyeer

el mono

xiita-luga-dheer

el flamenco

baqbaqaa

el loro

oorso baraf-ku-nool

el oso polar

shimbir baraf

el pingüino

libaax-badeed

el tiburón

daa'uus

el pavo real

mas

la serpiente

yaxaas

el cocodrilo

beer-xayawaan ilaaliye

el cuidador del zoológico

bahal kalluun-cun

la foca

shabeel-u-eke

el jaguar

dhal faras

el poni

harmacad

el leopardo

jeer

el hipopótamo

geri

la jirafa

gorgor

el águila

doofaar-jilibeey

el jabalí

kalluun

el pescado

qubo

la tortuga

maroodi-badeed

la morsa

dawaco

el zorro

deero

la gacela

kubadda-cagta maraykanka
el fútbol americano

tartanka bashkuleetiga
el ciclismo

kubbadda miiska
el tenis

kubbadda koleyga
el básquet

dabaal
la natación

cayaarta feerka
el boxeo

hookiga barafka lagu dhe
el hockey sobre hielo

kubadda cagta
el fútbol

baadminton
el bádminton

ciyaaraha fudud
el atletismo

kubadda gacanta
el handball

iskii/ciyaarta barafka
el esquí

cayaar-faras
el polo

hawlo
las actividades

boodid
saltar
hab-siin
abrazar
qosol
reír
soco
caminar
hees
cantar
riyo
soñar
duceyso
rezar
dhunkasho
besar

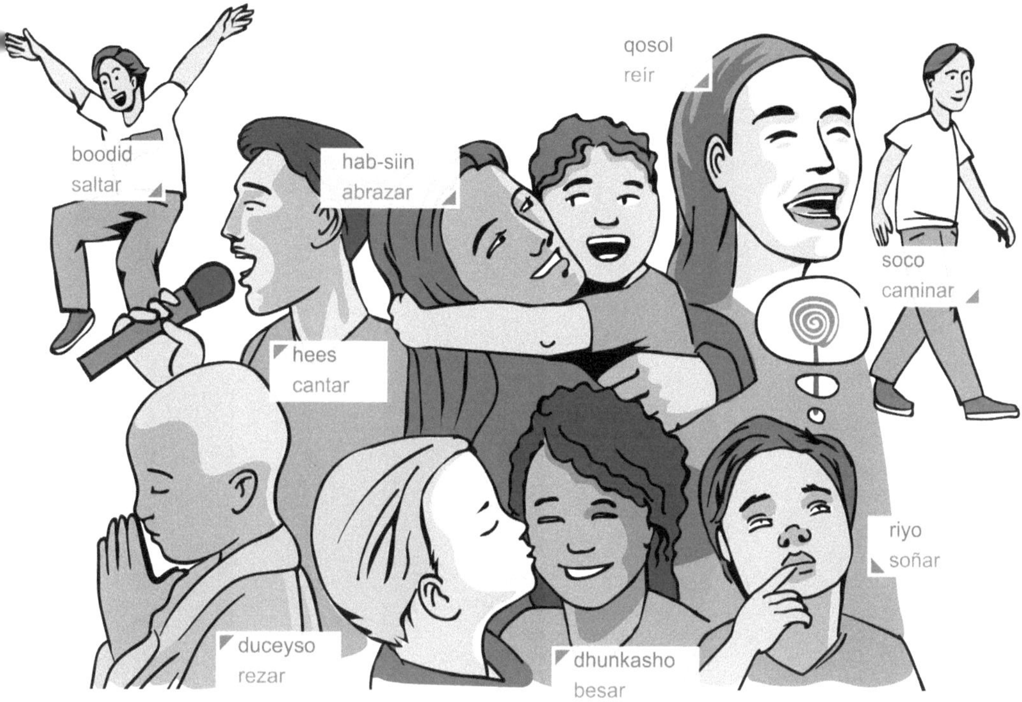

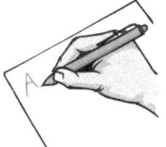

qorraxeed

escribir

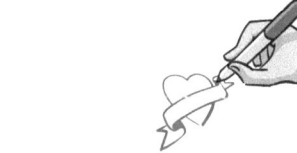

masawirid

dibujar

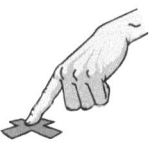

muuji

mostrar

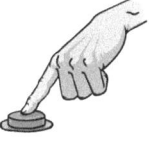

riix

presionar

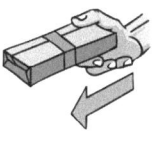

sii

dar

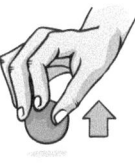

qaado

tomar

haysasho

tener

samee

hacer

ahaansho

ser

istaag

estar parado

orod

correr

jiid

tirar

tuur

tirar

dhicid

caer

been-sheegid

estar acostado

sug

esperar

qaad

llevar

fariiso

estar sentado

labiso

vestirse

seexo

dormir

toos

despertar

fiiri

mirar

ooy

llorar

dhuftay

acariciar

shanleyso

peinar

hadal

hablar

faham

entender

weydii

preguntar

dhageysasho

escuchar

cab

beber

cun

comer

habee

ordenar

jacayl

amar

kari

cocinar

kaxee

manejar

duulid

volar

shiraaco

navegar

xisaabi

calcular

akhri

leer

barasho

aprender

shaqee

trabajar

guurso

casarse

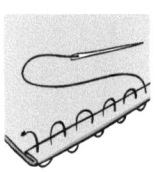

tol

coser

cadayso

cepillarse los dientes

dilid

matar

sigaar cab

fumar

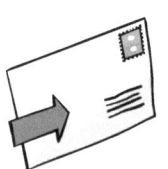

dir

enviar

qoys
la familia

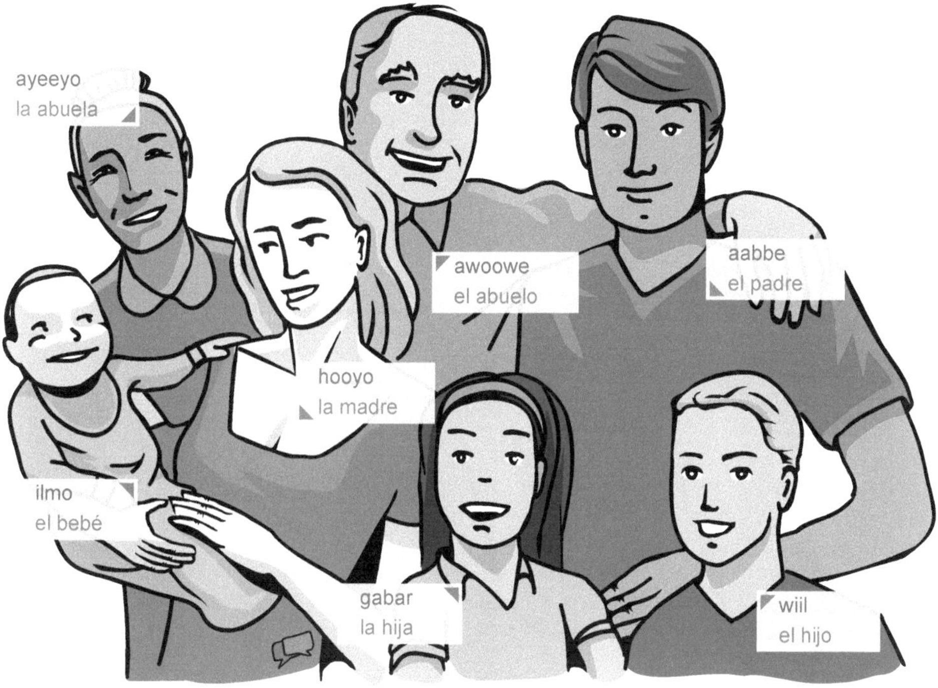

ayeeyo
la abuela
awoowe
el abuelo
aabbe
el padre
hooyo
la madre
ilmo
el bebé
gabar
la hija
wiil
el hijo

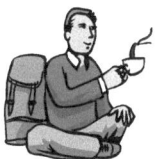

marti

el invitado

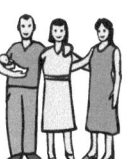

eeddo

la tía

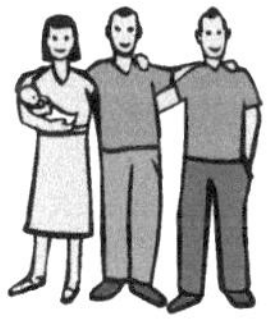

adeer

el tío

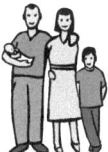

walaal rag

el hermano

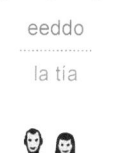

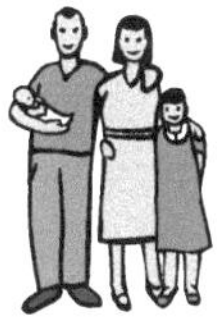

walaal dumar

la hermana

jir
el cuerpo

fool
la frente
il
el ojo
garab
el hombro
far
el dedo
weji
la cara
gar
la pera
gacan
la mano
lug
la pierna
naas
el pecho
cudud
el brazo

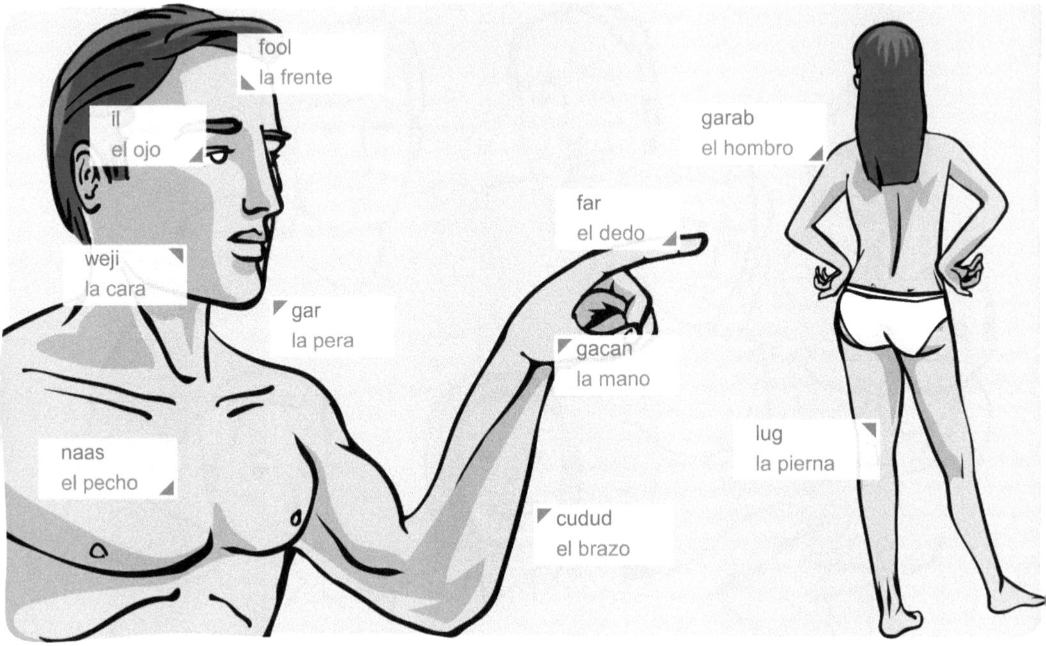

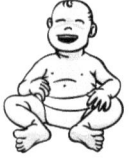

ilmo

el bebé

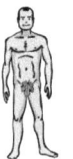

nin

el hombre

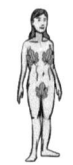

naag

la mujer

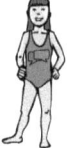

gabar

la nena

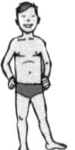

wiil

el nene

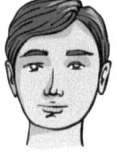

madax

la cabeza

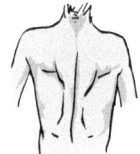

dhabar

la espalda

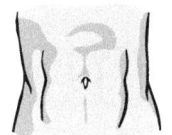

calool

la panza

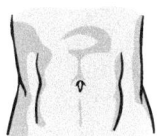

xuddun

el ombligo

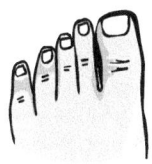

suul

el dedo del pie

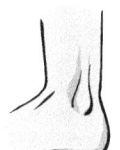

cirib

el talón

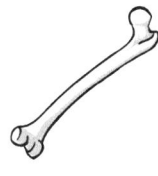

laf

el hueso

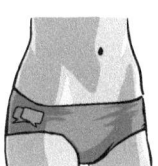

sin

la cadera

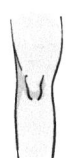

jilib

la rodilla

xusul

el codo

san

la nariz

bari

la cola

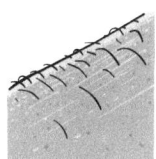

maqaar

la piel

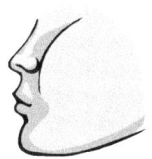

dhafoor

el cachete

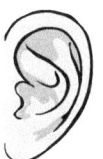

dheg

la oreja

bishin

el labio

af
....
la boca

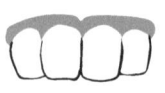

ilig
....
el diente

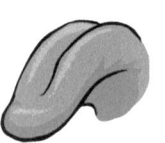

carrab
....
la lengua

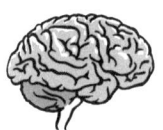

maskax
....
el cerebro

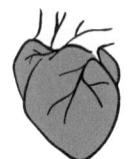

wadno
....
el corazón

muruq
....
el músculo

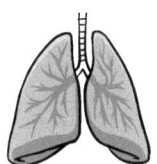

sambab
....
el pulmón

beer
....
el hígado

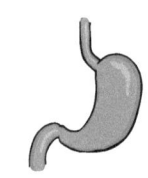

uur kujirta caloosha
....
el estómago

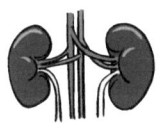

kelyo
....
los riñones

galmo
....
el sexo

cinjir-galmo
....
el preservativo

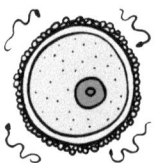

ugxan
....
el óvulo

shahwo
....
el semen

uur
....
el embarazo

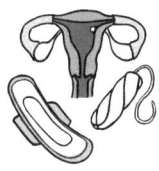

caado

la menstruación

siil

la vagina

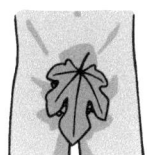

gus

el pene

suni

la ceja

timo

el pelo

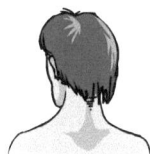

qoor

el cuello

isbitaal

el hospital

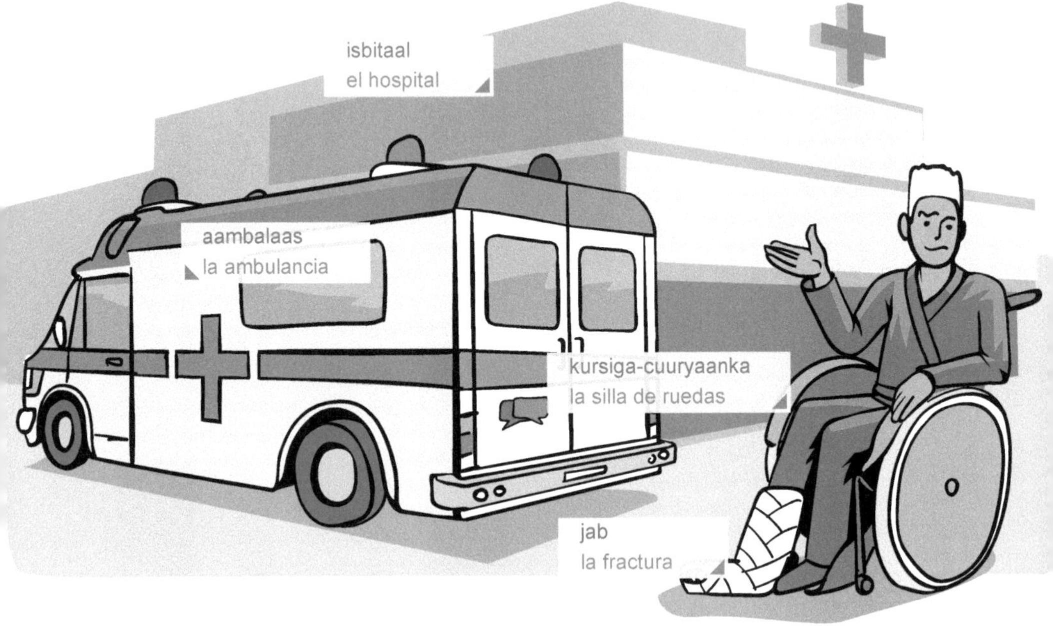

isbitaal
el hospital
aambalaas
la ambulancia
kursiga-cuuryaanka
la silla de ruedas
jab
la fractura

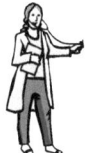

dhakhtar

el médico

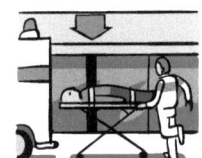

qolka xaaladaha-degdega ah

la sala de guardia

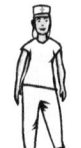

kalkaaliye

la enfermera

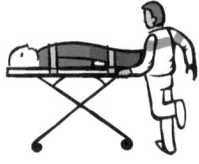

xaalad deg-deg ah

la emergencia

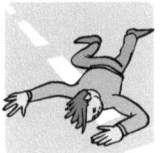

miyir-beelsan

inconsciente

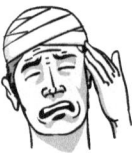

xanuun

el dolor

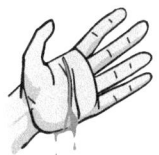

dhaawac

la lesión

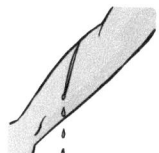

dhiig-bax

la hemorragia

wadno-xanuun

el infarto

qallal

el ACV

xasaasiyad

la alergia

qufac

la tos

qandho

la fiebre

hargab

la gripe

shuban

la diarrea

madax-xanuun

el dolor de cabeza

kansar

el cáncer

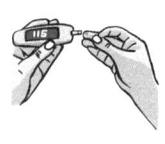

cudurka sokoroow

la diabetes

dhakhtarka-qalliinka

el cirujano

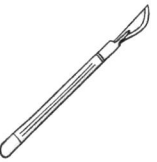

mindida qalliinka

el bisturi

qalliin

la operación

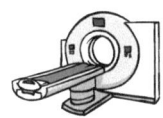

iskaan

la TC

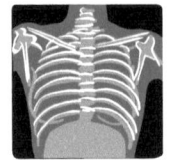

raajo

los rayos x

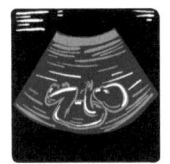

dhawaaq-xawaareed

la ecografía

maaskaro

el barbijo

cudur sokoroow

la enfermedad

qolka sugitaanka

la sala de espera

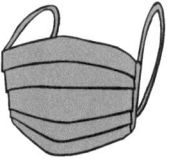

ul lagu boodo

la muleta

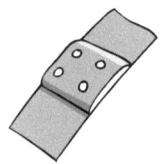

kab

la curita

faashato

la venda

duris

la inyección

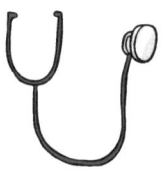

wadne-dhegeyeste

el estetoscopio

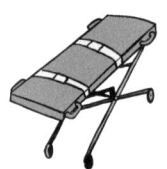

balankiino

la camilla

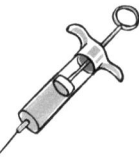

heer-kul-beega qandhada

el termómetro

dhalasho

el nacimiento

aad-u-cayilan

el sobrepeso

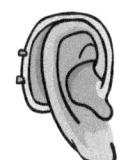

maqal-caawiye

el audífono

jeermis-dile

el desinfectante

caabuq

la infección

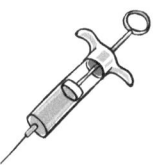

feyras

el virus

AYDHIS/HIV

el VIH / SIDA

daawo

el remedio

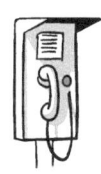

tallaal

la vacunación

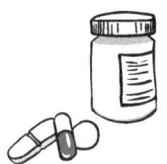

kaniiniyo

los comprimidos

kaniin

la pastilla anticonceptiva

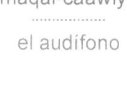

wicitaan deg-deg ah

la llamada de emergencia

cabbiraha dhiig-karka

el tensiómetro

xanuunsan / caafimaadsan

enfermo / sano

i caawiya!

¡Ayuda!

sawaxan

la alarma

weerar-kadisa ah

la agresión

weerar

el ataque

khatar

el peligro

irridda bixida xaalad-deg-deg

la salida de emergencia

dab!

¡Fuego!

dab demiye

el matafuego

shil

el accidente

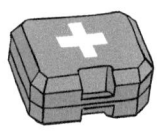

saduuqa xaalada-degdega ah

el botiquín de primeros auxilios

codsi badbaado

el SOS

booliis

la policía

Yurub

Europa

woqooyiga ameerika

América del Norte

koonfurta ameerika

América del Sur

Afrika

África

Aasiya

Asia

Oostareeliya

Australia

Atlaantik

el Atlántico

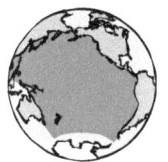

Pacific

el Pacífico

Bad-waynta hindiya

el Océano Índico

Bad-waynta antarctica

el Océano Antártico

Bad-waynta arctic

el Océano Ártico

cirifka waqooyi

el polo norte

cirifka koonfureed

el polo sur

Antarctica

la Antártida

dhul

la Tierra

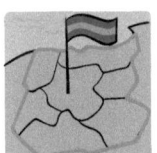

dhul

la tierra

bad

el mar

jasiirad

la isla

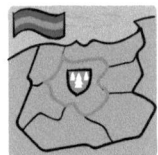

waddan

la nación

gobol

el estado

wajiga saacadda

la esfera

gacanka saacada

la manecilla de las horas

gacanka daqiiqada

el minutero

gacanka ilbiriqsiga

el segundero

waa intee saac?

¿Qué hora es?

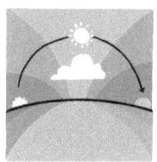

maalin

el día

wakhti

la hora

hadda

ahora

saacadda jiifarrada

el reloj digital

daqiiqad

el minuto

saacad

la hora

toddobaad
la semana

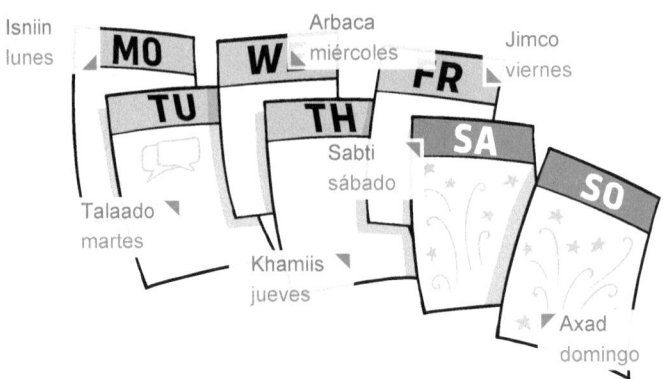

Isniin / lunes
Talaado / martes
Arbaca / miércoles
Khamiis / jueves
Jimco / viernes
Sabti / sábado
Axad / domingo

shalay

ayer

maanta

hoy

berri

mañana

subax

la mañana

duhur

el mediodía

casir

la tarde

MO	TU	WE	TH	FR	SA	SU
1	2	3	4	5	6	7
8	9	10	11	12	13	14
15	16	17	18	19	20	21
22	23	24	25	26	27	28
29	30	31	1	2	3	4

maalmaha shaqo

los días hábiles

MO	TU	WE	TH	FR	SA	SU
1	2	3	4	5	6	7
8	9	10	11	12	13	14
15	16	17	18	19	20	21
22	23	24	25	26	27	28
29	30	31	1	2	3	4

dabayaaqada usbuuca

el fin de semana

roob
la lluvia

qaanso-roobaad
el arco iris

roob-baraf
la nieve

dabayl
el viento

gu'
la primavera

deyr
el otoño

xagaa
el verano

jiilaal
el invierno

4.APRIL	11°	☀
5.APRIL	4°	🌧
6.APRIL	13°	⛈
7.APRIL	8°	❄
8.APRIL	10°	☀

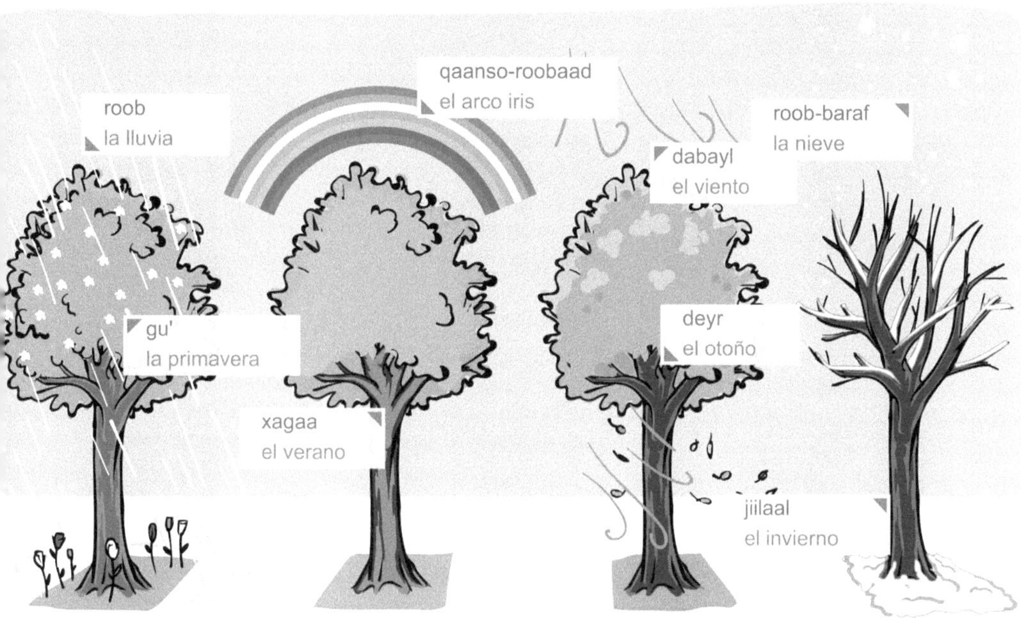

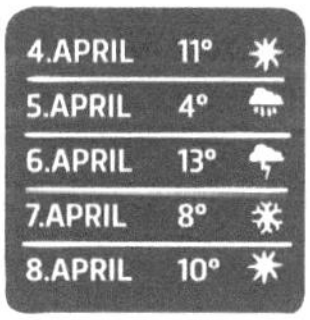

saadaal hawo

el pronóstico meteorológico

heer-kul baare

el termómetro

qorraxeed

la luz del sol

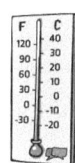

daruur

la nube

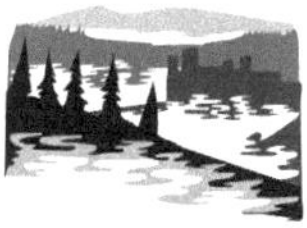

ceeryaamo

la niebla

huur

la humedad

jac

el rayo

onkod

el trueno

duufaan

la tormenta

roob-baraf

el granizo

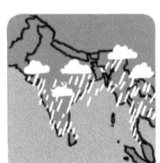

maansuun

el monzón

daad

la inundación

baraf

el hielo

Jannaayo

enero

Febraayo

febrero

Maarso

marzo

Abriil

abril

Mey

mayo

Juun

junio

Luulyo

julio

Agoosto

agosto

Sebteember
....
septiembre

Oktoobar
....
octubre

Nofeember
....
noviembre

Diseember
....
diciembre

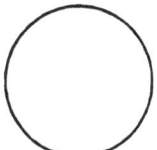

goobaabo
....
el círculo

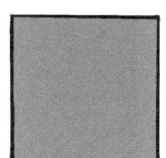

afar-gees
....
el cuadrado

leydi
....
el rectángulo

saddex-xagal
....
el triángulo

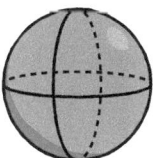

wareeg
....
la esfera

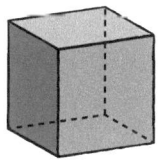

bokis
....
el cubo

caddaan

blanco

hurdi

amarillo

oranji

naranja

guduud-khafiif

rosa

casaan

rojo

carwaajis

violeta

bluug

azul

cagaar

verde

boroon

marrón

cawl

gris

madow

negro

badan / yar

mucho / poco

caro / daganaan

enojado / tranquilo

qurxoon / foolxun

lindo / feo

billow / dhammaad

el principio / el fin

yar / weyn

grande / chico

iftiin / mugdi

claro / oscuro

walaalkaa / walaashaa

el hermano / la hermana

nadiif / wasakhaysan

limpio / sucio

buuxa / dhantaalan

completo / incompleto

maalin / habeen

el día / la noche

dhintay / nool

muerto / vivo

ballaaran / ciriiri ah

ancho / angosto

la cuni karo / aan la cuni karin

comestible / no comestible

arxan-daran / naxariis-badan

malo / amable

faraxsan / caajisan

entusiasmado / aburrido

buuran / caateysan

gordo / flaco

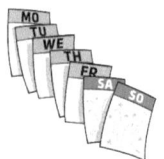

ugu horeeya / ugu dambeeya

primero / último

saaxiib / cadaw

el amigo / el enemigo

maran / buuxa.

lleno / vacío

adag / jilicsan

duro / blando

culus / fudud

pesado / liviano

gaajo / oon

el hambre / la sed

xanuunsan / caafimaadsan

enfermo / sano

sharci-darro / sharci

ilegal / legal

caaqil / dabbaal

inteligente / estúpido

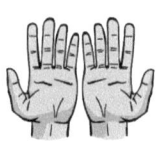

bidix / midig

izquierda / derecha

dhow / fog

cerca / lejos

cusub / duug

nuevo / usado

waxba / wax

nada / algo

da' / dhalinyar

viejo / joven

daaris / damin

encendido / apagado

furan / xiran

abierto / cerrado

aamusnaan / cod-dheer

silencioso / ruidoso

taajir / sabool

rico / pobre

sax / khalad

correcto / incorrecto

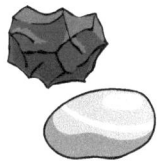

jilif leh / sabiibax

áspero / suave

murugsan / faraxsan

triste / contento

gaaban / dheer

corto / largo

tartiib / dhaqsi

lento / rápido

qoyaan / qalleyl

mojado / seco

qandac / qabow

caliente / frio

dagaal / nabad

guerra / paz

0

eber

cero

1

kow

uno

2

laba

dos

3

saddex

tres

4

afar

cuatro

5

shan

cinco

6

lix

seis

7

toddoba

siete

8

sideed

ocho

9

sagaal

nueve

10

toban

diez

11

kow iyo toban

once

12

laba iyo toban

doce

13

sadex iyo toban

trece

14

afar iyo toban

catorce

15

shan iyo toban

quince

16

lix iyo toban

dieciséis

17

todoba iyo toban

diecisiete

18

sideed iyo toban

dieciocho

19

sagaal iyo toban

diecinueve

20

labaatan

veinte

100

boqol

cien

1.000

kun

mil

1.000.000

malyuun

el millón

Af ingiriis

el inglés

Ingiriiska Mareykanka

el inglés americano

Mandariinka Shiinaha

el chino mandarín

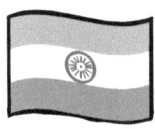

Hindi

el hindi

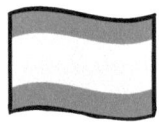

Boortaqiis

el español

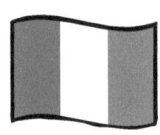

Faransiis

el francés

Carabi

el árabe

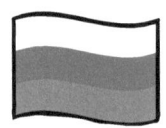

Ruush

el ruso

Boortaqiis

el portugués

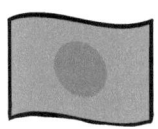

Bengaali

el bengalí

Jarmal

el alemán

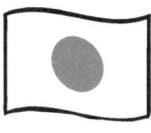

Jabaaniis

el japonés

aniga

yo

adiga

vos

asaga / ayada

él / ella

annaga

nosotros

idinka

ustedes

ayaga

ellos

kee?

¿quién?

maxay?

¿qué?

sidee?

¿cómo?

xagee?

¿dónde?

goorma?

¿cuándo?

magac

el nombre

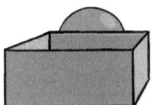

gadaal

detrás

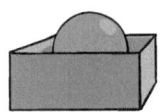

gudaha

en

horta

adelante de

ka sare

por encima de

dusha

sobre

ka hooseeya

debajo de

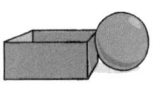

dhinac

al lado de

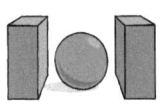

u dhexeeya

entre

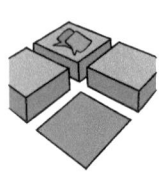

meel

el lugar